Inhalt

Gesetz zur Ausbildungsplatzabgabe

Kernthesen

Beitrag

Fallbeispiele

Weiterführende Literatur

Impressum

Gesetz zur Ausbildungsplatzabgabe

A.Kaindl

Kernthesen

- Am 7. Mai 2004 wurde im Bundestag das Gesetz zur Ausbildungsplatzabgabe verabschiedet. Mit dem Gesetz soll das Ziel, dass jeder Jugendliche einen Ausbildungsplatz erhält, erreicht werden.
- Die Abgabe ist von den Betrieben zu entrichten, deren Ausbildungsquote unter sieben Prozent liegt. Betriebe mit weniger als elf Beschäftigten sind nicht betroffen.
- Das Gesetz zur Ausbildungsplatzabgabe wurde von zahlreichen Vertretern der Wirtschaft und Politik heftig kritisiert. Diese vertreten die Auffassung, dass die Abgabe die Schwierigkeiten des

Ausbildungsmarktes nicht lösen wird.

Beitrag

Ziel der Ausbildungsplatzabgabe

Die rot-grüne Koalition hat am 7. Mai 2004 das Gesetz zur Ausbildungsplatzabgabe (Gesetz zur Sicherung und Förderung des Fachkräftenachwuchses und der Berufsausbildungschancen der jungen Generation) im Bundestag verabschiedet. (1)

Alle Jugendlichen, die einen Lehrstellenplatz suchen, sollen ab dem nächsten Ausbildungsjahr eine Lehrstelle erhalten. Deshalb verabschiedete die SPD-Bundestagsfraktion ein Gesetz, das alle Betriebe mit mehr als zehn Mitarbeitern betrifft, deren Belegschaft weniger als sieben Prozent Auszubildende aufweist. Die betroffenen Betriebe sollen eine Umlage abführen, die in erster Linie ausbildenden Unternehmen zugute kommt und in zweiter Linie auch zur Finanzierung von überbetrieblichen Lehrstellen verwendet wird. Bundesbildungsministerin Edelgard Bulmahn und Vertreter der Regierungsfraktion begründen das Gesetz mit der wachsenden Zahl Jugendlicher ohne Ausbildungsplatz. Diese sei im Jahr 2003 um 11 000 auf 35 000 gestiegen, während 15 000 Lehrstellen unbesetzt blieben. (1), (2)

Das Statistische Bundesamt in Wiesbaden teilte mit, dass die Zahl der Neuabschlüsse bei den Ausbildungsverträgen im Jahr 2003 auf den niedrigsten Stand seit der Wiedervereinigung gesunken sein. Rund 564 500 Jugendliche haben im Jahr 2003 einen neuen Vertrag für eine betriebliche Ausbildung abgeschlossen. Dies waren 3 600 oder 0,6 Prozent weniger als im Jahr 2002, obwohl die Zahl der Schulabgänger um rund 2 Prozent anstieg. (2)

In Kraft treten der Ausbildungsplatzabgabe

Die Neuregelung soll nur dann angewendet werden, wenn kein verbindlicher Ausbildungspakt mit der Wirtschaft abgeschlossen werden kann. Sollte dieser nicht zustande kommen, wird per Kabinettsbeschluss über die Erhebung der Abgabe entschieden. Die Abgabe soll erhoben werden, wenn das Lehrstellenangebot bis zum 30. September die Zahl der Bewerber nicht um mindestens 15 Prozent übersteigt. Zudem darf kurzfristig keine Besserung in Sicht sein und der Verwaltungsaufwand der Umlage muss im Hinblick auf die erforderliche Zahl zusätzlicher Ausbildungsplätze angemessen sein. (1), (9)

Für die Verwaltung der Umlage soll das Bundesverwaltungsamt zuständig sein. Dieses ist Schätzungen zufolge auf mehrere hundert zusätzliche Mitarbeiter angewiesen. Der Bund ist verpflichtet, die Umlage vorzufinanzieren. Später wird ihm die Summe aus dem Fondsaufkommen erstattet. Auch die anfallenden Verwaltungskosten werden aus der Umlage bestritten. (1)

Der Erfolg eines freiwilligen Ausbildungspaktes macht die Anwendung des Gesetzes im Sinne einer Umlage überflüssig. Der Pakt soll für mehrere Jahre abgeschlossen werden und eine verbindliche Vereinbarung mit den Spitzenverbänden aus Wirtschaft, Gewerkschaften und Kommunen schaffen. Der Pakt muss sicherstellen, dass alle jungen Menschen eine Berufsausbildung erhalten. Die Beteiligten müssen sich zu finanziellen oder personellen und organisatorischen Beiträgen verpflichten und entsprechende Maßnahmen auch umsetzen. (7), (9)

Berechnung der

Ausbildungsplatzabgabe

Wird die erforderliche Ausbildungsquote nicht erreicht, sollen Betriebe, die unterhalb einer Quote von sieben Prozent ausbilden, in einen Fonds einzahlen. Als Beschäftigtenzahl gilt dabei die Zahl der sozialversicherungspflichtig Beschäftigten, wobei Teilzeit- und Mini-Jobs anteilig einberechnet werden. Umlagepflichtig sind alle Arbeitgeber mit mehr als zehn sozialversicherungspflichtig Beschäftigten. Jeder Ausbildungsplatz oberhalb der geltenden Quote wird aus dem Fonds gefördert, auch dann, wenn die Firma weniger als zehn Mitarbeiter beschäftigt. Die Umlage soll zunächst Firmen zugute kommen. Wenn danach noch Restmittel bleiben, sollen auch außerbetriebliche Lehrstellen gefördert werden. (1), (7)

Auch auf Unternehmen mit hoher Ausbildungsquote kommen Mehrbelastungen zu. Jedes Unternehmen mit mehr als zehn Mitarbeitern soll fünf Kennzahlen wie z.B. den individuellen Ausgleichsfaktor und die Ausbildungsquote ermitteln und unaufgefordert an das Bundesverwaltungsamt weiterleiten. Wer seiner Auskunftspflicht nicht nachkommt, zahlt bis zu EUR 50 000 Strafe. (12)

Befreiungen von der Abgabe

Tarifliche Lösungen, wie sie etwa in der Bau- oder der Chemiebranche vorhanden sind, sollen Vorrang vor dem Gesetz haben. Neben dieser Ausnahme ganzer Branchen gibt es eine Reihe spezieller Regelungen. Ausgenommen von der Umlage sind Firmen, die von Insolvenz bedroht sind. Ausgenommen sind auch Personal-Service-Agenturen, Pflegeeinrichtungen, Krankenhäuser, Schulen sowie Träger, die überwiegend auf öffentliche Zuwendungen angewiesen sind, etwa Träger der Jugendhilfe oder Drogenberatung. Kommunen, deren Haushalte wegen schlechter Finanzlage unter Kommunalaufsicht stehen, sind ebenfalls von der Umlage befreit. (1)

Die tarifliche Lösung in der Baubranche sieht folgendes vor: Alle Branchenbetriebe müssen einen jährlich neu festgesetzten Satz ihrer Bruttolohnsumme an die Bau- und Sozialkasse abführen. Dieser Satz beträgt gegenwärtig 1,6 Prozent, davon werden Mittel an Betriebe überwiesen, die Lehrlinge ausbilden. Für einen gewerblichen Auszubildenden erhält das Unternehmen im ersten Lehrjahr zehn Monatsvergütungen, im zweiten Jahr sechs und im dritten Jahr noch eine Vergütung. Dazu erhalten die Betriebe Zahlungen für überbetriebliche

Ausbildung und Fahrtkosten der Lehrlinge. Arbeitnehmer- und Arbeitgebervertreter sind mit der Lehrlingsabgabe sehr zufrieden. Sie sei auf die Branche zugeschnitten, die in hohem Maße aus wandernden Fabriken (Baustellen) und sehr kleinen Betrieben bestehe, die jeweils auf von Dritten ausgebildete Mitarbeiter angewiesen sind. (2)

In der Chemiebranche haben die Tarifparteien erstmals vereinbart, die Zahl der 2003 neu angebotenen Ausbildungsplätze, etwa 7 850, im Jahr 2004 um 1,7 Prozent zu erhöhen, also im Gleichschritt mit dem Zuwachs bei den Schulabgängern. Dies soll in den Folgejahren wiederholt werden. (2)

Kritik an der Ausbildungsplatzabgabe

Trotz heftiger Kritik aus allen Bereichen der Gesellschaft in Deutschland wurde das Gesetz zur Ausbildungsplatzabgabe im Bundestag verabschiedet. Die Auseinandersetzung um die Einführung einer Ausbildungsplatzabgabe ist geprägt von Prinzipienreiterei, Staatsgläubigkeit und dem Unvermögen von Großorganisationen einmal getroffene Entscheidungen zu überdenken. Der in Deutschland weit verbreitete Glaube, der Staat könne und müsse jedes wirtschaftliche Problem lösen, führt in diesem Fall zu einigen besonders skurrilen Auswirkungen. Zahlen müssten unter anderem Betriebe, die händeringend Nachwuchs suchen, diesen aber nicht finden, weil das betreffende Handwerk etwa Metzger und Bäcker bei jungen Leuten unbeliebt ist. Ferner würden ostdeutsche Gemeinden, die wegen ihrer geringen Steuerkraft nur wenige Lehrlinge ausbilden, mit ihrer Abgabe wohlhabende westdeutsche Unternehmen subventionieren. (5)

Der Vize-Fraktionsvorsitzende der CDU Friedrich Merz hält der Bundesbildungsministerin vor, das die Finanz- und Wirtschaftspolitik der Regierung der Grund für die schlechte Wirtschaftslage und die zahlreichen Insolvenzen sei, was sich auch auf dem Ausbildungsmarkt niederschlage. Unter Verweis auf Bedenken der Finanz-, Justiz- und Wirtschaftsminister bezweifelte Merz die Verfassungsmäßigkeit des Gesetzes. Es drohten Steuerausfälle von bis zu EUR 600 Millionen, weil die Unternehmen die Ausbildungsplatzabgabe deren Höhe nach Schätzungen bis zu EUR 3,4 Milliarden reichen kann von der Ertragssteuer absetzen können. Besser wäre es, die Ausbildungsordnungen und die Höhe der Ausbildungsvergütung zu überprüfen. (2)

Der nordrhein-westfälische Ministerpräsident Peer

Steinbrück ist gegen das Gesetz zur Ausbildungsplatzabgabe. Nach seiner Feststellung wird die Ausbildungsplatzabgabe einen Wahnsinns-Bürokratismus in Gang setzen, bei dem 700 bis 1000 Personen 2,1 Millionen Unternehmen überprüfen müssten. Diese Bürokraten müssten dann zum Beispiel entscheiden, was mit einem Unternehmer passiere, der sich zwar um Auszubildende bemühe, aber keine bekomme. Es gebe dann auch Betriebe, die wegen der geplanten Bemessungsgrundlage von mehr als zehn sozialversicherungspflichtig Beschäftigten nur höchstens neun Mitarbeiter einstellten. Ein Betrieb könne aber auch einige Arbeitsplätze in Minijobs umwandeln, um sich von der Abgabe zu befreien. Steinbrück befürchtet, dass nach Einführung der Abgabe an die Stelle betrieblicher Ausbildungsplätze zunehmend mit der Abgabe finanzierte außer- und überbetriebliche Ausbildungen treten würden. Dies sei dann eine Verstaatlichung der Ausbildung. (4)

Der Deutsche Brauer-Bund (DBB) spricht sich gegen die von der Bundesregierung angestrebte Ausbildungsplatzabgabe aus. Nach Auffassung des DBB lassen sich die Schwierigkeiten des Ausbildungsmarktes nicht mit einer Ausbildungsplatzabgabe lösen. Wer eine Ausbildungsplatzabgabe fordere, habe die wahren Gründe für das rückläufige Angebot an Lehrstellen nicht erkannt. Zu diesen Gründen zählen die schlechte konjunkturelle Lage, die steigenden tariflichen Ausbildungsvergütungen, der neue Rekord an Firmenpleiten sowie die mangelhafte schulische Ausbildung vieler Jugendlicher. (11)

Das bayerische Handwerk wendet sich vehement gegen die beschlossene Ausbildungsplatzabgabe. Der Präsident des Bayerischen Handwerkstags vertritt die Meinung, dass dieses bürokratische Ungestüm keinen einzigen zusätzlichen Ausbildungsplatz schaffe, dafür aber zu einer Verstaatlichung des bewährten dualen Systems der beruflichen Bildung führen würde. Ein zunehmender staatlicher Einfluss führe zudem zu Fehlsteuerungen und damit zum Versagen des ganzen Systems. Die berufliche Ausbildung muss Sache der Wirtschaft bleiben. Diese erkennt am besten, welcher Qualifikationsbedarf besteht, welche Berufe neu zu ordnen sind und welche neu geschaffen werden müssen.

Fallbeispiele

Für den deutschen Streit über eine Ausbildungsplatzabgabe gibt es beim Nachbarn

Dänemark wenig Verständnis, da ein derartiges System in Dänemark seit vielen Jahren existiert und als durchschlagender Erfolg gilt. Um zu verhindern, dass manchen Betrieben durch die Bereitstellung von Ausbildungsplätzen hohe Kosten entstehen, während andere sich um ihren Bildungsauftrag drücken, wurde für alle privaten und öffentlichen Arbeitgeber eine obligatorische Abgabe eingeführt. Dieses Geld fließt in einen Fonds. Dessen Einnahmen werden an jene Arbeitgeber ausgeschüttet, die für betriebliche Lehrplätze sorgen. Dieses solidarische Modell gilt auch für andere Bereiche der Arbeitswelt. So sollen künftig auch die Ausgaben der Arbeitgeber für den Mutterschaftsurlaub ihrer Angestellten gleichmäßig verteilt werden. Ein Mutterschaftsfonds wurde bei den jüngsten Tarifverhandlungen für die Industrie bereits eingerichtet, und das Modell soll nun auf gesetzlichem Weg auf den gesamten Arbeitsmarkt ausgeweitet werden. (3)

In der Zeitarbeitsbranche regt sich heftiger Widerstand gegen die geplante Ausbildungsplatzabgabe. Wolle der Marktführer Randstad die im Gesetz vorgesehene Ausbildungsquote von 7 Prozent einhalten, gebe es in dem Unternehmen mehr Lehrlinge als interne Mitarbeiter. Randstad hat etwas 23 000 Zeitarbeitskräfte und 1 400 interne Mitarbeiter unter Vertrag. Derzeit werden zwischen 35 und 40 Männer und Frauen insbesondere im kaufmännischen Bereich ausgebildet. Nach dem Gesetzentwurf müsste das Unternehmen diese Zahl auf 1 600 aufstocken. Versuche, in der Regierungskoalition Ausnahmen durchzusetzen, sind gescheitert. In Koalitionskreisen wurde die Abgabe als gerechtfertigt bezeichnet. Die Entleihfirmen holen sich ausgebildete Kräfte vom Arbeitsmarkt und machen damit ihr Geschäft, ohne einen Beitrag zu ihrer Ausbildung zu leisten. (6)

Modellrechnungen in der Gesetzesbegründung gehen davon aus, dass derzeit etwa 86 Prozent aller Ausbildungsbetriebe von der Umlage nicht betroffen wären, aber von einer Förderung profitieren könnten. 69 000 Ausbildungsbetriebe mit mehr als zehn Beschäftigten haben eine Lehrlingsquote von unter 7 Prozent und wären damit abgabepflichtig. Der Gesamtfinanzierungsaufwand wird bei 50 000 fehlenden Lehrstellen mit EUR 3,2 Milliarden, bei 30 000 mit EUR 2,7 Milliarden angegeben. (9)

Als Antwort auf die umstrittene Ausbildungsplatzabgabe stellte am 10. Mai 2004 Bayerns Ministerpräsident Stoiber die Aktion Fit for work vor. Betriebe in strukturschwachen Regionen erhalten eine Prämie in Höhe von EUR 5 000 für jede neu geschaffene Lehrstelle. Jugendliche, die die Krisenregionen des Freistaates verlassen und dorthin ziehen, wo es freie Stellen gibt, bekommen

Fahrkostenzuschüsse von Staat. Insgesamt lässt sich die Bayerische Staatsregierung ihr Ausbildungsprogramm EUR 15,6 Millionen kosten. Stoiber erklärte, dass sei die Antwort auf den verhängnisvollen Irrweg der Ausbildungsplatzabgabe von Rot-Grün. (10)

Weiterführende Literatur

(1) O. V., Die Kernpunkte der Ausbildungsplatzabgabe, Spiegel Online vom 07.05.2004
aus Versicherungswirtschaft, 15.3.2004, 59.Jg., Nr. 06, S. 381

(2) Ausbildungsplatzabgabe soll Lehrstellenlücke schließen
aus Frankfurter Allgemeine Zeitung, 02.04.2004, Nr. 79, S. 13

(3) Dänen loben ihren Fonds Ausbildungsplatzabgabe gilt als Erfolgsmodell
aus Frankfurter Rundschau v. 24.04.2004, S.5, Ausgabe: S Stadt

(4) Ministerpräsident Steinbrück warnt vor der Ausbildungsplatzabgabe "Gift für den Standort Deutschland"
aus Die Welt, Jg. 59, 22.04.2004, Nr. 94, S. 4

(5) Bundeskanzler Schröder auf Tauchstation Kein Einlenken der SPD bei der Ausbildungsplatzabgabe
aus Neue Zürcher Zeitung, 27.04.2004, Nr. 97, S. 1

(6) Mehr Lehrlinge als Mitarbeiter
aus Frankfurter Allgemeine Zeitung, 04.05.2004, Nr. 103, S. 13

(7) SPD erwartet einen Ausbildungspakt über mehrere Jahre
aus Frankfurter Allgemeine Zeitung, 06.05.2004, Nr. 105, S. 13

(8) Ob die Zwangsabgabe mehr Lehrstellen schafft, ist unklar - Gesetz wird durchgeboxt An diesem Freitag will die rot-grüne Mehrheit im Bundestag die Ausbildungsplatzabgabe beschließen. Das entsprechende Gesetz ist mit heißer Nadel gestrickt, die Wirtschaft rechnet mit einem Debakel Die Drohkulisse steht
aus Die Welt, Jg. 59, 07.05.2004, Nr. 106, S. 12

(9) O. V., Bundestag beschließt Ausbildungsplatzabgabe, Spiegel Online vom 07.05.2004
aus Die Welt, Jg. 59, 07.05.2004, Nr. 106, S. 12

(10) Lehrstellenmarkt in der Misere Bayerns Antwort auf die Ausbildungsplatzabgabe
aus Neue Zürcher Zeitung, 14.05.2004

(11) Kritik an Ausbildungsplatzabgabe

aus Lebensmittel Zeitung 11 vom 12.03.2004 Seite 036

(12) "Jobkiller" Ausbildungsplatzabgabe
aus Lebensmittel Zeitung 16 vom 16.04.2004 Seite 009

Impressum

Gesetz zur Ausbildungsplatzabgabe

Bibliografische Information der deutschen Nationalbibliothek

Die Deutsche Nationalbibliothek verzeichnet diese Publikation in der deutschen Nationalbibliografie; detaillierte bibliografische Daten sind im Internet über http://dnb.d-nb.de abrufbar.

ISBN: 978-3-7379-1316-4

© 2015 GBI-Genios Deutsche Wirtschaftsdatenbank GmbH, Freischützstraße 96, 81927 München, www.genios.de

Alle Rechte vorbehalten. Dieses Werk ist einschließlich aller seiner Teile – z.B. Texte, Tabellen und Grafiken - urheberrechtlich geschützt. Jede Verwertung außerhalb der Grenzen des Urheberrechtsgesetzes bedarf der vorherigen Zustimmung des Verlags. Dies gilt insbesondere auch für auszugsweise Nachdrucke, fotomechanische Vervielfältigungen (Fotokopie/Mikroskopie), Übersetzungen, Auswertungen durch Datenbanken oder ähnliche Einrichtungen und die Einspeicherung und Verarbeitung in elektronischen Systemen.